NOUVEAUX TEXTES

DE

DROIT ROMAIN

PAR

RODOLPHE DARESTE

MEMBRE DE L'INSTITUT

(Extrait de la *Nouvelle Revue historique de droit
français et étranger.*)

PARIS

LIBRAIRIE DE LA SOCIÉTÉ DU RECUEIL GÉNÉRAL DES LOIS & DES ARRÊTS
FONDÉ PAR J.-B. SIREY, ET DU JOURNAL DU PALAIS
Ancienne Maison L. LAROSE et FORCEL
22, *Rue Soufflot,* 22

L. LAROSE, Directeur de la Librairie

—

1898

NOUVEAUX TEXTES

DE

DROIT ROMAIN

IMPRIMERIE
CONTANT-LAGUERRE

BAR-LE-DUC

NOUVEAUX TEXTES

DE

DROIT ROMAIN

PAR

RODOLPHE DARESTE

MEMBRE DE L'INSTITUT

(Extrait de la *Nouvelle Revue historique de droit
français et étranger*.)

PARIS

LIBRAIRIE DE LA SOCIÉTÉ DU RECUEIL GÉNÉRAL DES LOIS & DES ARRÊTS
FONDÉ PAR J.-B. SIREY, ET DU JOURNAL DU PALAIS
Ancienne Maison L. LAROSE et FORCEL
22, *Rue Soufflot*, 22
L. LAROSE, Directeur de la Librairie

—

1898

NOUVEAUX TEXTES DE DROIT ROMAIN

La publication des papyrus de Berlin est aujourd'hui termi-
née. Elle contient en tout 696 pièces. Nous avons déjà montré
ce que ces textes nous font connaître sur le droit qui était ap-
pliqué en Égypte sous la domination romaine. Aujourd'hui
nous appelons particuliérement l'attention sur quelques docu-
ments importants pour l'histoire du droit romain. Ils sont en
langue latine et ont sans doute été copiés par un greffier indi-
gène pour l'usage du tribunal auquel il était attaché. La copie
est incorrecte et les papyrus ne sont pas en bon état. Les éditeurs de Berlin, fidèles à l'excellent système adopté pour cette
publication n'ont donné que le résultat du déchiffrement, et
n'ont guère fait d'autres restitutions que celles qui paraissent
évidentes. M. Mommsen, et après lui M. Mitteis ont poussé ce
travail un peu plus loin (1). Il nous semble qu'on peut aller plus
loin encore et reconstituer les actes dont il s'agit, au moins
dans leurs parties essentielles. Assurément cette opération ne
peut être considérée comme définitive, mais si elle ne donne
pas la certitude, elle conduit du moins à un résultat très pro-
bable, appuyé d'une part sur les lettres qui ont pu être déchif-
frées, et d'autre part sur le sens général.

I.

Le n° 611 est un fragment d'une *oratio Caesaris in senatu*.
Ce César paraît être l'empereur Claude. Il s'agit d'abord de la
liste sur laquelle sont désignés les juges.

A quel âge pouvait-on être porté sur cette liste? On ne le
sait pas avec certitude. Suétone (*Auguste*, chap. 32) nous ap-
prend qu'Auguste abaissa l'âge requis, mais le chiffre (xxx)

(1) V. *Hermès*, t. XXXII, p. 639, et *Bulletino dell' Istituto di diritto ro-
mano,* 1897, p. 177.

que donnent les Mss. paraît être une faute de copiste. On a proposé de lire xx. Mitteis propose xxv.

L'*oratio* discute la question de savoir s'il y a lieu d'ajouter à la liste comprenant cinq décuries (la cinquième a été créée par Caligula) (1) les mineurs de xxv ans.

L'empereur consent, non sans hésitation, à ce que ces mineurs soient portés sur la liste, mais à une condition toutefois, c'est que lesdits mineurs ne pourront être donnés comme récupérateurs avant l'âge de vingt-quatre ans. Les récupérateurs jugeaient les questions de liberté et de servitude. Ceux qui doivent être admis à juger de si graves questions sont ceux qui dans leurs procès personnels ne sont pas protégés par la loi *Laetoria*.

Dans ce système les mineurs dont il s'agit peuvent être juges à partir de l'âge de vingt ans, mais ne peuvent être récupérateurs qu'à vingt-quatre ans.

L'empereur ne s'en tient pas là. Son discours a pour objet non seulement la composition du personnel judiciaire, mais encore la réforme d'un abus qui s'est manifesté dans la procédure criminelle. Il propose au Sénat de prendre des mesures contre les accusateurs de mauvaise foi qui intentent des actions criminelles et s'abstiennent de les faire juger. Les juges seront tenus de prononcer leur sentence dans un certain délai. Ainsi les accusateurs ne pourront plus s'éloigner, *peregrinari*, en laissant les accusés dans l'embarras, avec leurs noms inscrits sur l'*album. in albo pendentes*. Au reste les uns et les autres y trouveront également leur compte; les premiers se rendront moins odieux et les seconds pourront quitter la tenue de deuil que leur impose l'accusation en suspens. A l'expiration du délai le préteur mettra l'accusateur en demeure de se présenter, et si cette sommation reste sans effet, il statuera, en connaissance de cause, en déclarant que la partie poursuivante paraît avoir renoncé à son action.

La fin de l'*oratio* est très curieuse, l'Empereur appelle le Sénat à son aide. Si le moyen proposé paraît insuffisant, qu'on en cherche d'autres. Au besoin, qu'on prenne du temps pour réfléchir, seulement il faut absolument que chaque sénateur donne un avis motivé. Il ne suffit pas que les consuls fassent leur rap-

____

(1) Suétone, *Caligula*, 16.

port, que le consul désigné donne son avis, reproduisant les termes du rapport ; ni que les autres sénateurs se contentent de dire « je suis du même avis » et répètent en quittant la séance « j'ai donné mon avis ». C'est, comme on le voit, une sorte de mercuriale.

COL. I.

Quia..... minores XXV annis gr]ave videtur [q]uinque
decuriis injungi
Velim i]d certe face[r]e ut caveatis ne quis
nisi qu]attuor et vi[gi]nti annorum reciperator
detur], neque enim[i]nicum est, ut puto, hos
5   'permitti causas] servitutis libertatisque iudicare
qui vel ad li]tes suas agendas nihil legis Laetoriae
egeant a]uxilio.
Ego p]uto P. C. saepe quidem et alias, sed hoc
maxime tem]pore animadvertisse mirificas
10 accusatorum] artes, qu[i s]ubscripto iudicio cum..
(*lacune de onze lignes.*)

COL. II.
ne
tenuisse causam petitori expediat
ac ne procedant artes male agentibus. Si
vobis videtur P. C. decernamus ut, etiam
prolatis rebus, iis iudicibus necessitas iudicandi
5   imponatur qui intra rerum [per]agendarum dies
inchoata iud[i]cia non peregerint. Nec
defuturas ignoro fraudes monstrose agentibus
multas, adversus quas excogitavimus, spero,
remedia; interim hanc praeclusisse
10 nimium vulgatam omnibus malas lites
habentibus satis est, nam quidem accu-
satorum regnum ferre nullo modo possum
qui, cum apud curiosum consilium inimicos suos
reos fecerunt, relincunt eos in albo pendentes
15 et ipsi tanquam nihil egerint peregrinantur,
cum re[r]um magis natura quam leges [tam
accusatorem quam reum [iug]ulatum constr[ic]
tumque h[a]beat. Adiuva[bunt] quidem hoc
a nobis] propositum accusa[to]rum et reorum
20 del[i]ciae, q[ui]a min[u]s invidio[s]um sit eorum
tale factum qui jam sq[ua]lorem sumere
barbam[qu]e et capillum [su]mmittere

Col. III.

Sua caussa quo magis miserab[i]lis [sit
fastidi[e]nt, sed vide[bun]t[ur..... super]bia...
data inst[r]umen[tu]m
5   *deux lignes illisibles.*
faciam[u]s praetori p[otestatem] inquisiti[s
di[e]bus [voc]andi acc[usatorem], et si neq[ue a
d[erit neque] excusa[bitur pro]nuntiet c[ognita
caussa negotium r[emisis]se r[eo] videri....
10 Haec P. C. si vobis placen[t pal]am signi]ficate.
simpliciter et ex anim[i vestri] sentent[ia, sin
displicent alia reper[it]e, sed hic in[tra
templum, remedia, au[t, si ad]cogitandum [nunc
voltis s[u]mere tem[p]us, [sumit]e laxi s[patii
15 dum qu[ocu]mque loci [rogati] fueritis, [in eo
mem[iner]itis vobis di[cendam[esse sen[tentiam.
Minime enim de[lere lice]t P. C. m[onita
hujus [o]r[atio]nis. Hic u[tique t]utum non est
consule[m] designatum [con]scriptam e
20 relati[on]e consulum a[d ver]bum dicere
senten[tia]m, ceteros u[num hoc] verbum dic[ere
« adse[nti]or », deinde [cum ab]ierint « dix[i »

Col. I. — *Ligne 1.* — Restitution de Mitteis.

Ligne 3. — Blass lit *minor*. Mitteis combat cette restitution. En lisant *nisi* on obtient le même sens, mais avec une construction plus régulière. Il reste à expliquer toutefois pourquoi l'Empereur admet l'âge de vingt-quatre ans, alors que le bénéfice de la loi Plaetoria pouvait être invoqué jusqu'à l'âge de vingt-cinq ans, c'est peut-être un moyen terme, une concession faite à la demande du Sénat, qui s'efforçait de pourvoir aux besoins du service judiciaire en portant sur la liste un plus grand nombre de noms.

Ligne 5. — Les éditeurs de Berlin restituent *prohiberi*. Mais si l'on adopte *nisi* à la ligne 3, il est préférable de lire ici *permitti*.

Lignes 6 et 7. — Les mineurs de XXV ans peuvent invoquer le bénéfice de la loi Plaetoria jusqu'au jour où ils ont vingt-cinq ans accomplis, mais cette ressource leur est moins nécessaire à mesure qu'ils deviennent plus âgés. On peut présumer qu'après vingt-quatre ans accomplis ils n'en useront plus.

Ligne 8. — Après avoir parlé de l'augmentation du nombre des juges, l'Empereur passe aux moyens de prévenir les lenteurs de la justice.

Col. II. — Le texte de cette colonne est assez bien conservé, ou relativement facile à restituer. Les restitutions des lignes 16-17 sont de Mitteis et de Hirschfeld.

Col. III. — *Ligne 1*. — Gradenwitz *est*.

Ligne 2. — G. *fastidiunt*.

Il nous paraît inutile d'indiquer ici les restitutions proposées par les éditeurs de Berlin. A part celles qui se bornent à deux ou trois lettres, elles sont en général insuffisantes et ne donnent même aucun sens. Celles que nous proposons nous paraissent au moins probables et permettent de suivre le raisonnement de l'Empereur.

II.

La seconde pièce que nous reproduisons ici est une autre *oratio* d'un empereur romain. Il parle de l'édit de son père, c'est-à-dire de la pièce transcrite plus haut, et ajoute (ligne 8) que l'abus à corriger a existé *per multos annos*. La première *oratio* étant de Claude, la seconde doit être de Néron, et c'est peut-être de là qu'est sorti le sénatus-consulte Turpillien (61 ap. J.-C.).

L'édit de Claude avait fixé le délai de comparution des parties devant le Conseil de l'Empereur. Il donnait 6 mois aux parties domiciliées en Italie, un an aux autres. Néron propose de porter ces délais, le premier à 9 mois, le second à un an et six mois quand il s'agira de causes capitales.

A

Exemplum edicti

« In multis bene factis consultisque divi parentis mei id quoque iure nobis praedicandum pu[t]o [q]uod causas quae a[d] principalem notionem [vel] provocatae vel [rem]issae fuissen[t i]mposita qua-
5 dam nec[ess]itate a[udi]enda[s es]se pers[p]exit, ne [aut] prob[i]
h[o]mines

[c]onflictar[e]ntur di[ut]ina mor[a], aut call[id]iores fructu[m
ca]pere
[ali]quem p[rot]rahendo litem [aucu]paren[tu]r; quod [c]um
animadver
[ti]sset jam per multos annos evenire, e[di]xit salubriter praefini-
[tis] tempor[ibus] intra quae, [c]um [ex p]róvinciis [a]d a[gend]um
veni-
10 [r]ent utra[equ]e [pa]rtes, ne disce[de]rent priusqu[am] ad disceptan
[du]m i[nter se] coïs[sent], se[d etiam] scirent fore u[t al]tera parte
audi-
ta ser[v]aret[ur] sententia aut [sec]undu[m p]raes[ente]m pro-
nunti[a
[retur, sin vero] neut[er] litiga[nti]um adfuisset, ex[cid]ere tum
ea[s]
[lites ex] ordine cognitionu[m] offici nostri, e[t mee]rcules id jam
15 [dudum ob]tinendum fuit [cu]m [it]a praescripto ejus edi[c]ti satis
super
q[ue tempo]ris quasi conive[n]tibus nobis tra[ns]cocurrerint.
deux lignes illisibles.
s in Italia q[uidem..] edi [xit]....
t sex menses, t[ran]salpinis
[et transmarinis] a annum, qui nis[i] adfuerint vel
[defensi fuerint]   querelae eorum noscantur

B

scient fore ut stetur sententiae et acc[us]atores
ad petendam paenam iure cogantur, sed quoniam
capitale[s] causae aliquid a[u]x[il]ium conctationis ad-
mittun[t, e]t accusatoribus et rei[s] in It[a]lia qu[i]dem
5 novem [me]nses dabuntur, t[ra]nsalpinis autem et trans
marinis annus et sex menses, intra quos, nisi a[nte]
adfuer[in]t, fore jam nu[n]c sciant ut cu[m] prosecutoribus [v]eneant, quod n[e]que grave n[e]que durum
videri potest si tam prol[i]xum tempus i[nd]ulserim,
10 et opinor qui aliqua di[gn]itate cens[eri po]ssunt
tanto [magis v]idere ut so[lli]citi [sint e]t iis quae praecepta
sunt ma[t]urato obsequantur, cu[m] praesentes repu-
tent interesse bones[t]atis suae ut quam primum
molestia careant; appella[ti]ones vero quae ad magis-
15 tratus et sacerdotia et alios honores pertinebunt
habe[nt] formam tem[po]ris sui set ea [q]uaequae sunt
er........ rump ..... umqu ... [a]d notion[em]

A

Ligne 3. — Pap. *notionem...*

Ligne 4. — A...*enda.*

Ligne 7. — *Litem..paren..r.* — Mommsen lit *aucuparentur.*

Ligne 9. — *Tempribus intra que. um*

Ligne 10. — Pap. *venirent.* — Mitteis *venissent*

Ligne 11. — *Dnm i.....ctis...se.....*

Lignes 13 et 15. — *Retur..... neutrum litigantem adfuisse tex...ere.* Nous suivons ici la leçon de Mitteis.

Ligne 15. — Pap. *fuit...m...ra.* Nous lisons *cum ita*

Ligne 21. — Mitteis lit *et transmarinis autem*

Lignes 21 et 22. — Compléments proposés par Mommsen.

B

Ligne 1. — Pap. *fore et.*

Ligne 2. — Pap. *in re rogantur.* Nous suivons la correction proposée par Mitteis.

Ligne 3. — Pap. *a.x..ium.* — Mommsen propose *partium.* Nous suivons la leçon de Mitteis.

Ligne 6. — A... Nous lisons *ante.*

Lignes 7 et 8. — *Ut cum prosecutoribus veneant.* Veneant est pour veniant (Mommsen), c'est-à-dire qu'au lieu de venir à Rome comme ils voudront et librement, les plaideurs seront confiés à des *prosecutores* qui les conduiront et les surveille- ront.

Ligne 9. — Pap. *potes iis.*

Ligne 10. — Pap. *di...itate cens.....s*

Ligne 11. — Pap. *tanto.....idere...sollicili...ut.* — Mitteis lit : *tanto magis debent sollicili esse ut*

Ligne 12. — Pap. *praesentem.*

III.

La troisième pièce est un fragment d'un édit d'Auguste sur les privilèges des vétérans.

Cum Manius Valens veteranus ex [ac]tor recitasse ait
partem edi[c]ti hoc quod infra scriptum est : Imp. Caesar

[D]ivi filius, trium[v]ir rei publicae, consul ter, dicit : Visum .
[est] edicendum mi[hi vete]ranis dare om[nibu]s ut tributis .
[exemp]ti.....

Lacune.

ipsis, parentibu[s, lib]erisque eorum e[t uxo]ribus qui sunt qui
que erunt im[mu]nitatem omnium rerum d[a]re, utique
10 optimo iure Octaviae legis cives romani sint, immunes
sunto, liberi[onere mi]litiae, muneribusque publicis fu[ng-
end]i vacat[i]o esto, in [quavi]s tribu suprascripta suffragium
fe]rendi c[e]nsendi [que] potestas esto, et si a[b]sentes voluerint
ce]nseri [da]tur, quod [quo]que iis qui suprascripti sun[t] ipsis,
[parentes
15 co]n[iu]ges liberis q[ue] eorum ; item que[pecu]lium veterani
imm[u]ne et int[actum semper] esse volui; quae [iura,] quae sa-
[cerdotia
do]tia, qu[o]sque hon[or]es, quaeque praemia [b]eneficia commoda
habuerunt item ut habeant, utantur, fruanturque permit[to, i
te]m invitis iis neq[ue] magistr[at]us cete[ros] neque laegatum
20 n]eque procuratorem [ne]que em[p] torem t[ri]butorum esse
p]lace[t] neq[ue] in domo eorum divertendi em[e]ndique causa m[ini
mam] rem [ull]am deduci place[t]

Le vétéran Manius Valens, *exactor tributorum*, receveur des
contributions, a donné lecture au tribunal de l'édit d'Auguste
qui accorde aux vétérans certains privilèges et notamment
l'exemption de tout impôt. Une copie de cet édit a été alors
déposée au greffe du tribunal et c'est sans doute cette copie
qui nous a été conservée. Elle est écrite avec une grande
négligence, par un scribe peu versé dans la langue latine.
On y trouve des mots passés ou répétés ou défigurés contrai-
rement aux règles de la déclinaison. La restitution de ce texte
est donc forcément plus conjecturale que celle des textes pré-
cédents.

Ligne 1. — Le papyrus donne *ex...ter*.

Lignes 6-7. — *Qui se[cum]que erunt*. — Nous adoptons la
correction de Mommsen.

Ligne 10. — Pap. *opt. amo. e.* — Nous lisons Octaviae. La loi
Octavia frumentaria réglait les distributions de blé aux citoyens
romains.

Lignes 14-15. — Pap. *parentes, conjuges*. — Il faut lire pa-
rentibus, conjugibus.

Ligne 15. — Pap. *u...mtum.* Les deux lettres pointées sont douteuses, on peut donc conjecturer *peculium.*

Ligne 16. — Pap. *imm. ne. es in ι et a....* Nous conjecturons *immune et intactum semper.*

Ligne 17. — *Dotia* est une répétition barrée sur le papyrus.

Lignes 18-19. — Pap. *permit.. ι.. ρ.* Nous lisons *permitto, item.*

Lignes 21-22. — Pap. *place* pour *placet.* — *Causamque... rem quem detuci...*

NOUVELLE
REVUE HISTORIQUE

DE

DROIT FRANÇAIS ET ÉTRANGER

PUBLIÉE SOUS LA DIRECTION DE MM.

Rodolphe DARESTE
Membre de l'Institut,
Conseiller à la Cour de Cassation.

Marcel FOURNIER
Agrégé à la Faculté de droit de Caen,
Archiviste-Paléographe.

Adhémar ESMEIN
Professeur à la Faculté de droit de Paris,
Directeur-adjoint à l'École pratique
des Hautes-Études

Joseph TARDIF
Docteur en droit,
Archiviste-Paléographe,
Avocat à la Cour d'appel de Paris.

Georges APPERT
Docteur en droit, Secrétaire de la Rédaction.

PRINCIPAUX COLLABORATEURS : MM,

Ch. Appleton, professeur à la Faculté de droit de Lyon ; — **F. Aubert**, archiviste-paléographe ; — **d'Arbois de Jubainville**, membre de l'Institut, professeur au Collège de France ; — **Audibert**, professeur à la Faculté de droit de Lyon ; — **Beauchet**, Professeur à la Faculté de droit de Nancy ; — **Beaudouin**, professeur à la Faculté de droit de Grenoble ; — **Brunner**, professeur à l'Université de Berlin ; — **Brutails**, archiviste-paléographe ; — **Chénon**, professeur agrégé à la Faculté de droit de Paris ; — **Cuq**, professeur agrégé à la Faculté de droit de Paris ; — **Caillemer**, doyen de la Faculté de droit de Lyon ; — **Duguit**, professeur à la Faculté de droit de Bordeaux ; — **Engelhart**, ministre plénipotentiaire ; — **Paul Fournier**, professeur à la Faculté de droit de Grenoble ; — **Gaudenzi**, professeur à l'Université de Bologne ; — **Gauckler**, professeur agrégé à la Faculté de droit de Caen ; — **Gérardin**, professeur à la Faculté de droit de Paris ; — **Girard**, professeur à la Faculté de droit de Paris ; — **Glasson**, membre de l'Institut, professeur à la Faculté de droit de Paris ; — **P. Guilhiermoz**, archiviste-paléographe ; — **Hauriou**, professeur à la Faculté de droit de Toulouse ; — **Jobbé-Duval**, professeur à la Faculté de droit de Paris ; — **Maxime Kovalewsky**, professeur à l'Université de Moscou ; — **Leseur**, professeur agrégé à la Faculté de droit de Paris ; — **May**, professeur à la Faculté de droit de Nancy ; — **Mortet**, archiviste-paléographe ; — **Planiol**, professeur à la Faculté de droit de Paris ; — **Le Poittevin**, professeur adjoint à la Faculté de droit de Paris ; — **Pols**, professeur à l'Université d'Utrecht ; — **Prou**, archiviste-paléographe, attaché à la Bibliothèque nationale ; — **Alphonse Rivier**, professeur à l'Université de Bruxelles ; — **Saleilles**, professeur agrégé à la Faculté de droit de Paris ; — **Tauon**, président à la Cour de Cassation ; — **Héron de Villefosse**, membre de l'Institut ; — **Paul Viollet**, membre de l'Institut.

Cette revue paraît tous les deux mois par livraisons de **10** feuilles environ et forme chaque année un beau volume in-8° de mille pages.

Les vingt-deux premiers volumes parus (1877 à 1898) avec les Tables de la *Revue de Législation* et de la *Nouvelle Revue historique* (1870-1885), 1 brochure.. **220** fr.

Chaque volume se vend séparément : 15 fr , sauf les 6 derniers qui coûtent chacun 18 fr,

Les Tables seules... **3** fr.

PRIX DE L'ABONNEMENT ANNUEL :

Pour la FRANCE... ..... **18** fr. — Pour l'ÉTRANGER .... **19** fr.

BAR-LE-DUC. — IMPRIMERIE CONTANT-LAGUERRE.

9 782019 239770